Trabajos en la escuela

escrito por Cynthia Swain
adaptado por Alejandra Gritsipis

Necesito saber estas palabras.

entrenador

conserje

bibliotecaria

maestra

Mira la escuela. ¿Quién trabaja en una escuela?

WELCOME TO
JEFFERSON SCHOOL

Esta señorita trabaja en una escuela. Esta señorita es una maestra.

Las maestras trabajan con los estudiantes.

Este señor trabaja en una escuela. El señor es un bibliotecario. Los bibliotecarios le prestan libros a los estudiantes.

Mira a este señor.
Este señor es un conserje.
Un conserje limpia
la escuela.

Mira a este señor.
Este señor es
un entrenador. Él trabaja
con los estudiantes.

Esta señora trabaja en una escuela. Esta señora es una cocinera.
Ella prepara los alimentos para los estudiantes.

Esta señora también trabaja en una escuela. ¿Quién es esta señora?